# EXAMEN DOCTRINAL

## RÉGIME DOTAL — QUOTITÉ DISPONIBLE

PAR

HENRY MONNIER

DOCTEUR EN DROIT

*Extrait de la* REVUE CRITIQUE DE LÉGISLATION ET DE JURISPRUDENCE.

PARIS

A. COTILLON ET C^ie, IMPRIMEURS-ÉDITEURS,

*Libraires du Conseil d'Etat,*

24, RUE SOUFFLOT, 24.

1880

# EXAMEN DOCTRINAL

## RÉGIME DOTAL. — QUOTITÉ DISPONIBLE

# EXAMEN DOCTRINAL

## RÉGIME DOTAL — QUOTITÉ DISPONIBLE



PAR

HENRI MONNIER

DOCTEUR EN DROIT

*Extrait de la* REVUE CRITIQUE DE LÉGISLATION ET DE JURISPRUDENCE.



PARIS

A. COTILLON ET Cie, IMPRIMEURS-ÉDITEURS,

*Libraires du Conseil d'Etat,*

24, RUE SOUFFLOT, 24.

1880

# EXAMEN DOCTRINAL

## RÉGIME DOTAL. — QUOTITÉ DISPONIBLE.

La Chambre des requêtes s'est prononcée, dans son audience du 12 novembre 1879 [1], sur une question assez délicate, et dont les lecteurs de la *Revue* nous sauront gré peut-être de les entretenir.

Voici d'abord l'espèce, dégagée des faits accessoires et des circonstances sans importance au point de vue juridique.

Primus avait marié sa fille unique Prima sous le régime dotal : tous les biens présents et à venir avaient été stipulés dotaux. Pendant le mariage Prima s'engagea solidairement avec son mari pour une somme déterminée, et Primus consentit à cautionner la dette de sa fille, après avoir obtenu des créanciers « des réductions très-importantes et de longs attermoiements sans intérêts. » Quelque temps après, Primus mourut après avoir fait un testament par lequel il léguait à un tiers (en l'espèce le fils de sa fille) toute la quotité disponible. Sur les biens de la succession et avant tout partage, on paya la dette contractée par le *de cujus* comme caution. Quand vint l'époque du partage, le légataire prétendit forcer Prima à imputer sur sa réserve le montant de la dette dont elle se trouvait libérée par le paiement fait aux dépens de la succession. Prima résista. On demande si la prétention du légataire était légitime?

[1] V. journal *le Droit* du 17 avril 1880

Le tribunal de première instance auquel l'affaire fut d'abord soumise, trancha la question en admettant l'imputation. Prima interjeta appel ; la Cour de Paris confirma la décision des premiers juges [1]. L'affaire vint enfin devant la Cour suprême, sur le pourvoi formé par Prima ; et la Chambre des requêtes, « après un long délibéré en Chambre du conseil », rejeta le pourvoi.

La question posée offrait plus d'une difficulté, et sa solution se rattachait à celle de plusieurs autres points de doctrine sur lesquels les auteurs et la jurisprudence sont loin d'être d'accord. Et, par exemple, les controverses qu'ont soulevées le mode de calcul de la quotité disponible, la portée de l'art. 1554, C. civ., les effets de l'inaliénabilité etc., ont dû se présenter à l'esprit des juges, et, plus d'une fois, faire naître l'hésitation dans leur esprit. La Cour de cassation ne s'est pas méprise sur les principes divers dont cette affaire exigeait l'application ; et, dans les attendus de son arrêt de rejet, elle a fidèlement reproduit toutes les règles de droit qu'on avait, en l'espèce, à considérer. Nous croyons, toutefois, qu'elle a fait des principes une application inexacte.

De cet arrêt de rejet, il résulte, en effet, qu'une femme qui n'a d'autres biens que ses biens dotaux, peut être forcée de payer les dettes qu'elle a contractées pendant le mariage. Or, c'est là une doctrine qui nous paraît contestable, et surtout peu en harmonie avec la théorie de la Cour de cassation sur l'inaliénabilité de la dot mobilière.

Nous demandons la permission d'ouvrir une fois encore le débat, et mieux dégagé des préoccupations de fait que ne pouvaient l'être les juges, nous espérons démontrer que le texte et l'esprit de nos lois commandaient une solution différente de celle qu'ils ont donnée.

## § 1.

Prima s'est constituée en dot tous ses biens présents et à venir. Une pareille constitution, déjà permise dans l'ancien droit,

[1] Cour d'appel de Paris, 4e Chambre, audience du 23 août 1878, v. journ. *le Droit* n° 226, année 1878.

est expressément autorisée par nos lois, V. art. 1542, C. civ.

En général, on ne sera pas embarrassé pour savoir quels biens doivent être rangés parmi « les biens présents », et quels biens parmi « les biens à venir ».

La définition que donnait Furgole [1] peut être retenue dans la pratique de nos jours. « Lorsque les biens ne sont pas au pouvoir du donateur et qu'il n'a aucun droit ni aucune action pure ou conditionnelle pour les prétendre ou pour les espérer, c'est le véritable cas des biens à venir. » D'après cette règle, nous déciderons que la part de succession échue à Prima doit être rangée parmi les biens à venir, et par conséquent parmi les biens dotaux.

Toutefois, cette part est-elle nécessairement dotale ? Le *de cujus* ne pourrait-il pas, par une clause de son testament, ordonner que les biens que Prima prendra dans la succession formeront des paraphernaux ? On pourrait hésiter sur la réponse, si, en fait, Prima était héritière non réservataire, ou prenait une part supérieure à sa réserve. Le père étant libre de donner ou de ne pas donner, on comprendrait qu'il pût fixer à son gré les conditions de sa libéralité [2]. Mais, dans notre espèce, Prima ne prend absolument que sa réserve. Ce n'est pas le *de cujus* qui fait une libéralité, c'est bien plutôt le législateur. Primus était maître, il est vrai, de dissiper ses biens ; mais, les ayant conservés, il n'était pas maître d'appeler ou d'écarter le réservataire. Dès lors aucune hésitation n'est permise. La réserve de Prima fera partie de ses biens dotaux à tout événement, que le père le veuille ou ne le veuille pas.

[1] V. Œuvres de J.-B. Furgole, Toulouse, 1761, tome 1er sur l'art. 15 de l'ordonn. de 1731, p. 526.

[2] Et c'est, en effet, ce qu'admettent en général les auteurs modernes. V. MM. Aubry et Rau, *Cours de droit civil français*, 4e édit. § 534, 3e ; Demolombe, *Du mariage*, tome II, n° 171, etc..... Dans l'ancien droit la validité de la clause était très controversée. V. Despeisses, *De la dot*, sect. 2, n° 2, et Lebrun, *De la communauté*, livre 2, ch. 2, sect. 4, n° 9. Aujourd'hui quelques auteurs d'une grande autorité soutiennent encore que la clause est nulle, V. Tessier, *Traité de la dot*, tome I, p. 48 et note 73 ; Odier, *Traité du contra de mariage*, tome III, n° 1102 ; et surtout l'ouvrage classique de MM. Rodière et Pont, *Traité du contrat de mariage*, 2e édit. t. II, n° 1679.

Ce point établi, on peut affirmer que toutes les règles du régime dotal s'appliqueront aux biens recueillis par Prima dans la succession de son père. Parmi ces règles, se trouve celle qui prohibe l'aliénation des biens dotaux. Les biens de la réserve seront donc inaliénables dans la même mesure et avec les mêmes restrictions que tous les autres biens dotaux.

Mais quels sont les effets de l'inaliénabilité ? Ces effets sont nombreux et importants, il n'entre pas dans notre pensée de les énumérer. Un seul, par l'intérêt qu'il présente pour la solution de notre question, mérite d'être ici rappelé et sommairement étudié.

La femme, dûment autorisée par le mari ou le juge peut s'engager valablement sous le régime dotal comme sous tout autre régime, art. 217 et 222, C. civ. Personnellement et valablement obligée, elle est tenue de remplir ses engagements sur tous ses biens mobiliers et immobiliers, présents et à venir, art. 2092 C. civ. Cette conséquence découle de l'idée même d'obligation en même temps que du bon sens et de l'équité ; elle est d'une vérité absolue en ce qui concerne les biens paraphernaux ou les biens acquis depuis la dissolution du mariage. Au contraire, elle est, de tous points inexacte, dès qu'il s'agit des biens inaliénables. Quant à ces biens, il est faux de dire que la femme en s'obligeant oblige le *sien*, et, si bizarre que paraisse cette proposition, il est facile de démontrer qu'elle est un corollaire immédiat de la règle d'inaliénabilité. Dire qu'un bien garantit le paiement d'une dette, c'est dire implicitement que ce bien peut être aliéné par les créanciers en cas de non paiement. Or, le bien dotal est inaliénable ; donc il ne peut entrer dans le gage des créanciers [1].

[1] Le raisonnement est bien déduit si l'on admet, avec un grand nombre d'auteurs, que l'inaliénabilité place le bien dotal hors du commerce, *voy.* Laurent, *Principes de droit civil*, tome 23, nº 501. (Il est vrai que l'art. 1560 est à peu près inexplicable avec ce point de départ). Le raisonnement ne nous paraît pas aussi probant si l'inaliénabilité n'est pas un caractère réel de la chose, mais bien la conséquence d'une incapacité spéciale de la femme, comme le veut, par exemple, M. Colmet de Santerre, *Cours analytique de Code civil*, tome IV, 232 *bis*, I. En effet la femme est capable de s'obliger sous le régime dotal. Or, quand un incapable est valablement obligé, tous ses

Ainsi, tant que dure le mariage, les biens dotaux inaliénables sont également insaisissables.

Une fois le mariage dissous, les biens dotaux deviennent aliénables et par conséquent saisissables.

Ils sont désormais dans le patrimoine de la femme, même au regard des créanciers. Ne pourrait-on pas en conclure que les créanciers de la femme, devenus tels *constante matrimonio*, peuvent poursuivre le paiement de ce qui leur est dû, même sur les biens autrefois insaisissables? Cette conclusion semble logique, car le gage des créanciers porte sur les biens présents et à venir, et les biens dotaux, en devenant saisissables, sont des biens qui, pour les créanciers, entrent dans le patrimoine de la femme au

biens sont affectés au paiement de la dette sauf ceux que la loi soustrait à toute aliénation en leur imprimant un caractère spécial; si l'aliénabilité n'est pas un caractère réel du bien dotal, la saisie doit être possible. Dire que l'acte d'un incapable est valable, et soutenir qu'il faut distinguer, quant à l'effet de cet acte, entre les biens du patrimoine de l'incapable, c'est émettre deux idées contradictoires.

En droit romain la femme mariée restait capable de contracter dans la même mesure qu'avant son mariage, sauf, bien entendu le cas où elle était *in manu mariti*. Les Romains partaient de cette idée très-juste que le mariage ne modifie ni la capacité ni le patrimoine des époux. La femme romaine pouvait donc faire des dettes et son patrimoine tout entier répondait de ses dettes conformément aux principes généraux. Les créanciers, il est vrai, ne pouvaient pas se payer sur la dot, car la dot, étant la propriété du mari, ne se trouvait plus dans le patrimoine de la femme, *voy.* M. Accarias, *Précis de droit romain*, T. I, 3e édit. p. 771 et suiv.; mais voici comment les choses se passaient: ou la femme demandait la restitution de sa dot et payait ses créanciers, *voy.* D. L. 20, *solut. matrim.*, ou les créanciers avaient recours à une *venditio bonorum* et le *bonorum emptor* exerçait à son profit l'action *de dote* si elle venait à naitre. La loi Julia avait pour but d'assurer autant que possible à la femme la restitution en nature de sa dot, de la protéger contre le droit de propriété du mari, mais non pas de lui permettre de faire des dettes sans engager son patrimoine. Chose curieuse, ce fut dans nos pays de droit écrit, où l'on suivait les principes généraux du régime dotal romain que naquit la règle énoncée au texte; et, chose plus étrange encore, ce fut, nos anciens auteurs l'affirment, par application de la loi Julia *de fundo dotali*, *voy.* Roussilhe, *Traité de la dot*, ch. 15, sect. 2, édit. de Clermont-Ferrand, 1785, p.485. En sorte que l'un des effets les plus regrettables de notre régime dotal a son origine et sa cause dans une erreur d'interprétation.

moment même de la dissolution du mariage. On ne doit pourtant pas hésiter à l'écarter, elle conduit à un résultat pratique évidemment contraire au but poursuivi par le législateur. Il faut que la femme retrouve sa dot intacte, au jour de la séparation de biens ou de la dissolution du mariage. Si les créanciers pouvaient la poursuivre sur sa dot pour dettes contractées avant la dissolution du mariage, il est clair que la dot aurait été compromise au cours du mariage. La poursuite est donc impossible [1].

En résumé : ceux qui sont devenus créanciers d'une femme mariée sous le régime dotal, ne peuvent saisir les biens dotaux ni avant ni après la dissolution du mariage.

Cette proposition est une conséquence de l'impossibilité d'aliéner la dot. Elle n'est vraie que dans la même mesure et sous les mêmes restrictions. Pour en connaître la portée, il faut donc préciser l'étendue de la règle qui interdit d'aliéner la dot.

La dot immobilière est inaliénable, art. 1554. C. civ. ; mais que penser de la dot mobilière ?

[1] Telle est l'opinion généralement suivie, V. MM. Rodière et Pont, *op. cit.*, tome III, n° 1767, et les auteurs cités ; voyez aussi M. Labbé, *Revue critique*, 1856, IX, p. 1 et suiv. La jurisprudence est fixée en ce sens. Dans l'ancien droit, on ne s'entendait pas plus sur ce point que sur tous ceux qui se rapportaient au régime dotal. Despeisses, V. *Œuvres*, Lyon 1750, *De la dot*, sect. 2, n° 24, p. 485, et bien d'autres juristes avec lui soutenaient que les créanciers pouvaient poursuivre sur les biens dotaux après le mariage le paiement des dettes contractées par la femme *constante matrimonio*. D'après Henrys, *Œuvres*, Paris 1771, tome II, liv. IV, quest. 141, la jurisprudence du Parlement de Paris suivait le système énoncé au texte.

Le nouveau Code civil Italien contient sur le régime dotal quelques articles très remarquables. Les biens dotaux sans distinction ne peuvent être aliénés, art. 1405, si ce n'est *dans le cas d'utilité évidente ou de nécessité*, sur décret du tribunal et avec l'autorisation du mari et de la femme. Dans tous les cas, après le mariage, les créanciers sont autorisés à poursuivre le paiement des dettes de la femme sur les biens dotaux, même s'il s'agit de dettes nées pendant le mariage. Art. 1407 : *sciolto il matrimonio, si puo procedere sui beni che constituivano la dote, anche per obligazioni contratte dalla moglie durante il matrimonio.*

En droit romain, elle était aliénable [1]; dans nos pays de droit écrit, elle était inaliénable [2].

Est-ce la doctrine romaine, est-ce la doctrine des Parlements qu'il faut suivre aujourd'hui?

C'est là une question célèbre, et sur laquelle après bien des discussions, on n'a point réussi à se mettre d'accord.

Les auteurs adoptent l'un des trois systèmes suivants :

1er système. La dot mobilière est aliénable.

2e système. La dot mobilière est inaliénable.

3e système. La dot mobilière est inaliénable pour la femme, aliénable pour le mari.

Nous n'avons pas, bien entendu, l'intention d'exposer même sommairement par quelles raisons chaque système peut être combattu ou défendu. Le lecteur a déjà son opinion faite. Mais, entre les trois systèmes, il nous est indispensable de prendre parti. La solution de l'affaire soumise à la Chambre des requêtes varie nécessairement suivant le système adopté.

La Cour de cassation adhère au troisième système [3]. Nous ferons comme elle, au moins provisoirement.

En effet, pour démontrer qu'elle a fait de ce système une application inexacte, il faut, de toute nécessité, que nous le prenions aussi comme point de départ.

Nous nous réservons, du reste, de rechercher à la fin de cette étude quelles solutions aurait dictées l'adoption des systèmes rejetés par la Cour suprême.

D'après la Cour de cassation il n'y a pas à distinguer,

[1] Voy. M. Accarias, *op. cit.*, n° 313, 5. — La loi Julia, même sous Justinien, ne s'applique pas aux meubles. — Doneau a soutenu pourtant que la dot était toujours inaliénable, *alienatio dotis marito interdicta est.* Cette erreur venait d'une erreur plus grande encore, Doneau enseignait en effet que le mari n'était pas propriétaire de la dot, *quis ergo dominus dotis etiam constante matrimonio ? Re vera uxor sola.* V. Donelli *Comment. de jure civili*, lib. XIV, chap. IV. — Doneau est resté à peu près seul de son opinion, et son erreur a été assez vertement relevée par Hasse dans un livre resté célèbre : die Culpa des Roemischen Rechts, Kiel 1815, p. 567, note 6.

[2] C'était là du moins l'opinion générale. V. Despeisses *op. cit*, n° 34 et les auteurs cités par M. Tessier, *op. cit.*, t. I, n° 490.

[3] V. MM. Aubry et Rau, *op. cit.*, tome V, § 537 *bis* et la note 6.

pour la femme, entre la dot mobilière et la dot immobilière.

Les mêmes règles d'inaliénabilité régissent tous les biens dotaux.

Par conséquent les *biens dotaux*, quels qu'ils soient, ne peuvent jamais devenir le gage des créanciers de la femme.

Au contraire, et toujours d'après le système de la Cour de cassation, le mari peut aliéner la dot mobilière. Faut-il en conclure que la dot mobilière peut être saisie par les créanciers du mari ? Les auteurs hésitent. Il semble que le mari ayant le droit de disposer des meubles, les créanciers doivent avoir le même droit en cas de non paiement [1]. La Cour de cassation décide avec raison que l'art. 2092 est inapplicable, puisque les biens dotaux mobiliers ne font pas partie du patrimoine du mari ; à la vérité, il peut aliéner, mais ce droit est une conséquence de son droit d'administration.

Nous sommes maintenant en possession d'une règle qui servira de fondement à toute notre argumentation contre l'arrêt de la chambre des requêtes.

Reprenons l'espèce.

Prima avait droit à une réserve. — Cette réserve était nécessairement dotale : or, sans distinguer si les biens comprenant cette réserve sont mobiliers ou immobiliers, nous sommes certains que les biens de la réserve ne peuvent être saisis par les créanciers. Prima ne peut être obligée à payer ses dettes qu'autant qu'elle a des biens extra-dotaux. Mais, par hypothèse, elle n'en a pas, tous ses biens, y compris la réserve, sont dotaux, donc Prima *ne peut être forcée à payer ses dettes*... En l'obligeant à imputer sur sa réserve le montant de ses dettes, il est indéniable que la cour *la force indirectement à payer ses dettes*. Donc la cour n'est pas fidèle à sa propre théorie sur le régime dotal.

On affirme cependant, que la femme n'a pas payé sur sa dot ; que la part qui reste dotale, c'est la portion des biens qui lui est attribuée après imputation faite ; que cela résulte des règles générales sur le partage et le mode de calcul de la quotité disponible [2]. Voyons ces règles ; mais observons auparavant que si

[1] En ce sens, voyez Troplong, *Du contrat de mariage*, IV, 3243 à 3245.

[2] Voyez *infra*, Les motifs de l'arrêt de rejet.

ces règles conduisent à une pareille solution, le résultat mérite qu'on s'y arrête et a de quoi surprendre, car de deux choses l'une : ou vous ne demandez pas à la femme de payer ses dettes, et alors l'imputation est incompréhensible, ou vous la forcez à payer, et alors vous violez la loi. Se peut-il que le législateur fournisse le moyen de violer la loi ? C'est ce qu'il est au moins intéressant d'examiner.

Avant tout, éliminons les circonstances de la cause qui paraissent sans intérêt pour la solution. Nous savons que la femme peut s'engager sous le régime dotal comme sous tout autre régime.

En cautionnant la dette de sa fille, Primus a fait lui-même un acte valable. Pour obtenir cette caution, les créanciers ont fait remise d'une partie de la dette, ont accordé de longs termes. Cette circonstance ne change rien aux obligations de Prima vis-à-vis de son père. Dans la mesure de la portion de dette remise, on ne peut pas dire que la fille ait reçu une libéralité de son père.

Elle profite d'une des clauses d'un contrat, mais directement ou indirectement on ne lui a pas fait une donation. Où serait, en effet, le donateur ? Les créanciers, mais s'ils ont abandonné une partie de la dette, c'est qu'ils trouvaient encore leur avantage à sacrifier cette partie pour être certains du paiement de l'autre ; le père de Prima, mais il ne cautionne qu'une partie de la dette, et quant à cette partie il paie et se réserve un recours. Pour obtenir la remise de l'autre partie il ne débourse rien, et par conséquent n'a pas fait une donation au sens juridique du mot.

Il importe donc peu que les créanciers consentent à des réductions très-importantes; nous n'avons à nous occuper que des dettes réellement payées par la caution, ou par sa succession.

L'arrêt nous apprend que le mari s'était engagé solidairement avec la femme. — Dans le système de la Cour de cassation cette circonstance est encore sans intérêt, puisque la dot mobilière ne peut être le gage des créanciers du mari. Nous n'en parlerons plus.

Enfin, la dette n'a pas été payée par Primus lui-même, mais par la succession ; il est évident que cette circonstance est indifférente : les héritiers étaient forcés de payer sur les biens de la succession au même titre que Primus.

Le problème se trouve donc réduit aux termes suivants : Prima dont tous les biens sont dotaux a fait des dettes, Primus son père les a cautionnées, puis payées comme caution : pour le calcul de la quotité disponible, le légataire de cette quotité peut-il forcer Prima à imputer le montant des dettes payées ?

Tout d'abord, remarquons qu'il ne s'agit pas ici d'une libéralité proprement dite du *de cujus* en faveur de sa fille. La caution n'a pas payé *donandi causa,* bien qu'elle ait dans l'espèce rendu un service ; elle a conservé un recours contre le débiteur principal. — Dans la succession de Primus nous retrouvons la créance contre Prima, et il n'est pas douteux que cette créance vienne augmenter la masse des biens.

Cette observation nous dispense de prendre parti dans les controverses qu'a soulevées, au cas où il existe des légataires, la légitimité de l'obligation imposée généralement au cohéritier de réunir fictivement à la masse les biens par lui reçus du défunt [1]. — Si le doute est possible, quand il s'agit de libéralités, il n'est pas possible dès qu'il est question de dettes. La masse des biens *laissés par le défunt* comprend sûrement les créances, et c'est sur cette masse que se calcule la réserve.

La créance doit être comptée pour sa valeur réelle, et imputée sur la part du réservataire. Mais la valeur réelle est ici égale à la valeur nominale, si nous supposons, pour ne rien compliquer, que la valeur de la réserve soit supérieure au montant de la créance. En effet, le remboursement est assuré pour la succession, puisqu'il peut se faire en retenant à l'héritier ce qu'il doit. Il est assuré à tout événement et malgré la présence d'autres créanciers de Prima, car les avances faites par le *de cujus* à Prima doivent être considérées, au décès, comme faites en avancement d'hoirie et par conséquent comme une part déjà donnée de la réserve [2]. Si

[1] Dans l'espèce, les juges durent pourtant se préoccuper des difficultés auxquelles il est fait allusion au texte, car, indépendamment du paiement des dettes de Prima, le *de cujus* avait fait à sa fille des donations sans dispense de rapport. Depuis un arrêt célèbre du 8 juillet 1826, la Cour de cassation admet que les biens donnés doivent être réunis fictivement à la masse pour le calcul de la quotité disponible. Les auteurs en général sont d'accord avec la jurisprudence. V. pourtant, M. Labbé, *Revue pratique.* IX.

[2] Les avances faites, sans but intéressé, à un successible, et par exemple

Prima a déjà reçu une fois une fraction de sa réserve, elle doit imputer cette fraction, si non elle la recevrait deux fois et le légataire serait lésé. En définitive Prima doit imputer sur sa réserve ce qu'on lui a avancé.

Tout le problème se réduit à savoir si Prima a reçu quelque chose, si son père a fait réellement pour elle des avances de fonds.

Quand on dira à Prima de rapporter fictivement à la masse ce que son père lui a donné et avancé, et de l'imputer sur sa réserve, elle répondra : je n'ai rien reçu, on n'a rien déboursé pour moi ; puisque mes créanciers ne pouvaient rien me prendre, en me débarrassant d'eux, vous ne m'avez rien donné. L'argent que mon père à déboursé est purement et simplement de l'argent gaspillé.

A la vérité, on objectera que la dette avait une existence incontestée. C'est vrai, mais le paiement ne pouvait être exigé, ni sur les biens qui constituaient l'avancement d'hoirie, ni sur tous les autres biens dont Prima était propriétaire à l'époque du partage. — En ce qui concerne le patrimoine de Prima, la dette était donc comme n'existant pas. Or, c'est de la composition du patrimoine qu'il est ici question.

Il faut être logique, et ne pas hésiter devant une solution, si injuste qu'elle paraisse, quand les principes la commandent.

Vous dites que la femme a reçu un avancement d'hoirie. Si cela est vrai, et en supposant que la femme n'ait pas elle-même diminué son patrimoine, cet avancement (ou sa valeur) doit se retrouver dans le patrimoine de Prima. Il doit s'y retrouver nécessairement puisque personne n'a pu le saisir.

Mais nous demandons, s'il existe en effet? La négative est certaine, le patrimoine de Prima est resté après le paiement de ses dettes ce qu'il était avant, donc la femme n'a rien reçu.

Le raisonnement qui précède est inattaquable, tant que Prima n'a que des biens insaisissables.

les prêts gratuits, les cautionnements, sont considérés comme avancements d'hoirie : c'est la doctrine du Code civil, art. 829 et 830 ; et c'était la doctrine de l'ancien droit, comme nous l'apprend Lebrun dans un passage souvent cité, V. Lebrun, liv. III, ch. IV, sect. II, n° 2.

Supposons que dans la suite, Prima acquière des biens saisissables. — Ce fait peut se produire soit avant, soit après la dissolution du mariage. — Avant, si un tiers donne ou lègue à Prima des biens sous la condition que ces biens ne seront pas dotaux. Après, si Prima acquiert de nouveaux biens.

Du jour où Prima compte dans son patrimoine des biens qu'un créancier pourrait saisir, il tombe sous le sens qu'elle ne peut plus tenir le raisonnement que nous lui avons prêté. De ce jour, il est exact de dire que la caution a payé ce que les créanciers pouvaient exiger de Prima, et que l'avancement d'hoirie se chiffre par le montant des dettes acquittées.

Seulement, à l'époque du partage, peut-on affirmer qu'un tel événement se produira jamais? — En réalité, personne n'en sait rien. Une seule chose est sûre, c'est que pour le moment la femme n'a pas de biens saisissables, et que le défunt a payé pour la femme des dettes que celle-ci ne pouvait être forcée à payer. Obliger la femme à imputer, parce qu'un jour elle aura peut-être des biens qui légitimeront cette imputation, c'est réputer certain ce qui est incertain, c'est dire à la femme : « Vous devrez peut-« être un jour une certaine somme, pour plus de sûreté, souffrez « qu'on vous prenne ladite somme tout de suite, de cette ma-« nière on sera sûr du paiement. » Voilà un résultat qui plaira au légataire universel, nous en demeurons convaincus, mais n'est-il pas la consécration d'une suprême injustice?

Nous ne prétendons pourtant pas qu'il faille rejeter toute considération relative aux biens futurs et saisissables que la femme peut acquérir. A notre avis voici comment il faudra procéder.

On considérera provisoirement l'argent payé par le *de cujus* comme gaspillé sans profit pour personne, et par conséquent la réserve sera calculée sur la fortune telle qu'elle se comporte au décès. Si, par exemple, les dettes payées se montaient à 10, et le reste de la succession à 100, le légataire prendra 50, et la femme 50. Supposez maintenant que la femme acquière un jour des biens saisissables, le légataire pourra lui demander compte des 10 qu'on a payés pour elle, et obtenir 5 pour sa part.

Voici cependant une objection :

En admettant que ce système soit vrai, tout au moins faut-il que le légataire, le jour où sa prétention se justifiera, se trouve dans une position aussi avantageuse que celle qu'il avait aussitôt après le décès. Au moment du partage il eût été certain d'avoir 55, car il prélevait 5 sur la part de la femme. Plus tard, il ne sera qu'un simple créancier venant au marc le franc avec les autres créanciers cédulaires, sa situation *privilégiée* n'existera plus.

L'objection est juste, mais on pourra généralement se tirer d'affaire, en exigeant une caution. La femme fournira caution de payer, dans la mesure de la valeur des biens saisissables devenus sa propriété, le montant de ce qui a été payé pour elle par la succession.

Toutefois il peut arriver que la femme ne puisse pas ou ne veuille pas fournir caution. Dans les deux cas, on ne peut certainement pas l'y contraindre. Nous croyons alors que le légataire aura le droit d'imputer provisoirement le montant des dettes sur la réserve, à charge de fournir caution de rembourser, dès que la femme consentira elle-même à donner la caution indiquée plus haut. Seulement comme la femme ne doit rien tant qu'elle n'a pas acquis des biens saisissables, le tiers devra tenir compte soit au mari, soit à la femme, après la dissolution du mariage, des revenus des biens provisoirement imputés [1].

Enfin, si ni la femme ni le légataire ne veulent fournir caution, on pourra appliquer par analogie les règles de l'article 602, Code civil.

Telle est, croyons-nous, la solution que devait recevoir le point de droit soumis à l'examen de la Chambre des requêtes.

[1] Ceci suppose, bien entendu, qu'on admet l'impossibilité de saisir même les revenus des biens dotaux. Ce point de droit est pourtant discuté, tant pour les revenus perçus par le mari que pour les revenus perçus par la femme après la séparation de biens ou la dissolution du mariage. On accorde généralement que les revenus perçus par le mari sont saisissables s'ils excèdent les besoins de la famille. Au contraire, on refuse absolument le droit de saisir les revenus dotaux perçus après la dissolution du mariage ou la séparation de biens. V. MM. Rodière et Pont, *op. cit.*, n° 1765. — Si on admet la saisie des revenus, le légataire pourra imputer les revenus sur la créance, mais il n'y sera pas obligé. Un créancier n'est jamais obligé de recevoir un paiement partiel, art. 1244 C. civ.

Nous devons maintenant rapporter ici et discuter brièvement les considérants de l'arrêt de rejet :

« Attendu en droit, d'une part, que les obligations de la femme contractées pendant le mariage sont valables sous le régime dotal comme sous tout autre régime, avec cette seule restriction qu'elles ne peuvent être exécutées sur les biens dotaux.

« Et d'autre part, qu'en matière de partage, la force des choses commande l'observation des règles générales sur les rapports, ou la réunion fictive à la masse avant toute application des règles exceptionnelles du régime dotal.

« Qu'en effet, le résultat seul des opérations de partage peut déterminer les biens qui formeront la part de la femme dotale et se trouveront compris dans la constitution générale ; que ce résultat est d'ailleurs conforme au principe que chaque cohéritier est censé avoir succédé seul et immédiatement aux effets compris dans son lot et n'avoir jamais eu la propriété des autres effets de la succession ;

« Attendu que, dans l'espèce, *Prima* était de la sorte obligée d'imputer sur sa réserve la somme dont elle pouvait être débitrice envers son auteur..... ; qu'en outre, pour que l'égalité fut maintenue entre les deux copartageants, *le légataire* devait obtenir un prélèvement jusqu'à due concurrence, et que le surplus du patrimoine restait partageable entre la mère et le fils dans les proportions de droit ; qu'il a été statué dans ce sens par l'arrêt attaqué et qu'en conséquence la dotalité n'a pu atteindre que les objets réellement compris dans la portion échue à *Prima*.

. . . . . . . . . . . . . . . . . . . . . . .

Par ces motifs.

Rejette..... [1].

« La force des choses commande l'observation des règles générales sur le rapport. » Si la Cour entend par là la réunion fictive à la masse, nous sommes d'accord avec elle pour admettre la nécessité de compter les créances parmi les biens de la succession, seulement nous compterons chaque créance pour la valeur réelle. La Cour part implicitement de l'idée que la valeur réelle égale la valeur

[1] V. *le Droit*, 17 avril 1880.

nominale puisque par l'imputation on peut obtenir le paiement du débiteur. C'est résoudre la question par la question, car précisément il s'agit de savoir si l'on peut faire l'imputation.

Il est vrai que, d'après la Cour, la force des choses commande l'observation des règles générales sur le rapport, avant toute application des règles du régime dotal. Mais c'est là, si nous ne faisons pas erreur nous-même, c'est là qu'est l'erreur juridique. Si la femme n'était pas dotale, si même la constitution de dot ne frappait pas tous les biens présents et à venir, il n'y aurait pas la plus petite difficulté. La femme serait tenue de payer les dettes et par conséquent tenue de payer à la caution ce que la caution a payé pour elle. Mais précisément la femme est dotale, elle n'a pas de biens extra dotaux, voilà la circonstance décisive, et la Cour prétend que la force des choses nous oblige à n'en pas tenir compte ! La femme ne pourra exciper de sa qualité de femme dotale qu'après la réunion fictive à la masse et l'imputation faite conformément à ce que l'arrêt appelle les règles générales du rapport ! Cependant la femme est restée dotale pendant les opérations du partage ; à tous les instants du mariage la loi la couvre d'une égale protection

La Cour, toujours fidèle à la même idée, affirme que le résultat seul des opérations du partage peut déterminer les biens qui formeront la part de la femme dotale. Sans contredit, le partage peut seul déterminer quels biens resteront définitivement, exclusivement à la femme. Mais, quel motif de décider peut-on trouver dans cette observation ? Le partage a pour but de substituer à une part indivise une part égale en pleine propriété. Nous savons à l'instant du décès que la femme a droit à une moitié indivise de la succession. Le partage aura pour effet de remplacer cette moitié indivise par une moitié dont *Prima* sera réputée avoir eu la propriété exclusive depuis le décès de son père. Le résultat du partage ne doit pas changer en principe la valeur de la part recueillie dans la succession. Le raisonnement de la Cour, tel qu'il se dégage des mots : Que ce résultat, etc..., me paraît être le suivant : D'après la fiction écrite dans l'art. 883, ce qui reste dotal, c'est la part telle qu'elle résulte des opérations du partage. On peut traiter la part indivise comme si on n'avait pas affaire à un bien dotal. Or, si le bien n'était pas dotal, on pourrait imputer, donc l'imputation est possible. Si tel est bien le raisonnement de la Cour, il est inexact. L'application de l'art. 883 est inopportune. La part de *Prima* est dotale avant le partage, puisque cette part lui appartient. Pour le nier, il faut ne pas tenir compte de la réalité des faits. Si la part est dotale, elle doit être traitée comme telle, et dans les opérations du partage, il faudra se préoccuper des conséquences que la dotalité entraîne. La fiction de l'art. 883 a tout simplement pour effet de permettre après partage le transport sur la part attribuée à *Prima* du caractère de dotalité qui frappait une moitié indivise de la succession [1].

Enfin la Cour pense que le prélèvement est nécessaire pour que l'égalité soit rétablie entre les deux intéressés. La portée de cet argument nous échappe.

Est-ce une allusion au principe de l'article 745, que les héritiers succèdent par égales portions? Ce principe justifie, il est vrai, la théorie des prélèvements dans le rapport des dettes. Mais que nous importe l'égalité de l'art. 745? En l'espèce, il s'agit du concours d'un légataire et d'un héritier, lesquels peuvent prendre dans une succession des parts fort inégales.

La Cour veut-elle dire que les droits des héritiers à prendre dans la succession ce qui leur revient seraient lésés, si ces héritiers étaient inégalement protégés? L'observation est d'une très-grande justesse, seulement elle n'a pas lieu de s'appliquer ici puisque la femme ne prétend à aucune mesure de faveur. Elle se contente de a protection ordinaire de la loi, elle ne veut pas qu'on la traite comme débitrice d'une dette qu'en fin de compte elle n'avait pas à payer.

## § II.

Jusqu'à présent nous avons toujours supposé que la théorie de la Cour de cassation sur la dot mobilière était fondée. Cette

[1] La fiction de l'art. 883 a été établie pour éviter les recours entre héritiers à l'occasion des droits que l'un d'eux aurait consentis sur sa part indivise. Elle reste étrangère à la question de savoir quel est le montant des biens dotaux

théorie est pourtant contestable. La grande majorité des auteurs la repousse. La loi a, dans l'art. 1554, établi l'inaliénabilité du fonds dotal, elle n'a rien dit des meubles. Bien plus, la rubrique de la section où se trouve l'art. 1554, prouve que la loi ne s'occupait pas des meubles. Or, la règle d'inaliénabilité, sans parler de son caractère anti-économique, constitue certainement une disposition exorbitante du droit commun. Dès lors, il faudrait, pour l'étendre aux meubles, un texte formel, et ce texte n'existe pas.

Que la Cour de cassation vienne à changer sa jurisprudence sur la dot immobilière, ce qu'elle ne peut manquer de faire un jour, et les solutions données plus haut subiront des modifications profondes.

Ce sont ces modifications qu'il convient d'indiquer pour envisager la question sous toutes ses faces.

D'abord, il est clair que rien n'est changé si la succession ne comprend que des immeubles et si d'ailleurs la femme n'a pas déjà des biens mobiliers.

Si la succession étant purement immobilière, la femme compte déjà des meubles parmi ses biens, dans la mesure de leur valeur, l'imputation sera légitime. En effet, dans cette mesure les avances faites par la caution constituent un avancement d'hoirie et non une somme d'argent dissipée purement et simplement par le *de cujus*.

La prétention du légataire devrait encore être considérée comme fondée, dans l'hypothèse d'une succession purement immobilière. L'action en recours de la caution serait alors d'une efficacité certaine.

Le seul cas qui puisse présenter quelques difficultés est celui où la caution laisse une succession à la fois mobilière et immobilière. Examinons-le, en supposant pour éviter toute complication, que les biens appartenant à Prima en dehors de la succession sont tous insaisissables.

Il ne faut pas songer à trouver dans l'art. 883 les éléments de la solution. Cet article en donnant au partage un caractère déclaratif, ne s'occupe que du résultat des opérations de partage, et, en l'espèce, la difficulté gît précisément dans le mode de procéder pour arriver au partage. Si Prima refuse toute imputation parce que la succession comprend des immeubles, le légataire se trouvera lésé; si le légataire prétend imputer la dette toute entière, la réservataire soutiendra qu'elle est victime d'une spoliation. A notre avis, la part mobilière et la part immobilière de Prima se fixent par la proportion de biens meubles et de biens immeubles trouvés dans la succession. Dans la mesure de la part mobilière, l'imputation sera possible.

Un exemple rendra tout ceci plus clair.

La fortune s'élève à 100. Dans les 100 les biens meubles comptent pour 1/5 et les immeubles pour 4/5. Avec cette proportion, la moitié qui revient à la femme comprend 10 en valeurs mobilières. La créance peut être exigée tout entière. La masse totale des biens est donc de 110 et la réserve de 55. La femme a touché 10, elle a encore droit à 45.

En variant la proportion des biens, on modifie le résultat. — Si, par exemple, la proportion des biens meubles est 1/10, celle des biens immeubles 9/10, dans la moitié qui revient à la femme nous ne trouvons plus que 5 en valeurs mobilières. La créance ne peut donc être poursuivie que pour la moitié de sa valeur nominale. La masse totale est de 105, la réserve de 52, 5. La femme a déjà 5, elle a droit encore à 47, 5, pour le reste de la dette, elle donnera caution comme il a été dit plus haut. Mais dans ce dernier cas, tout n'est pas fini. Supposez que, par suite des opérations du partage, la femme ait dans son lot une certaine quantité de valeurs mobilières, ces biens étant saisissables, le légataire peut demander les 2,50 qu'on lui avait refusé d'imputer.

On voit par là que la femme a grand intérêt à ne pas laisser mettre dans son lot des soultes :

Elle devra demander en immeubles une part égale à sa part indivise dans les immeubles de la succession.

D'un autre côté il est évident qu'elle ne pourra pas donner au légataire une soulte en valeurs mobilières puisque, par hypothèse, elle n'a pas de biens mobiliers.

Dans ces conditions, le partage devient difficile. Souvent les co-partageants ne pourront s'entendre, ils s'adresseront au tribunal qui fera le partage d'après les données précédentes. Que si les biens sont impartageables, on est alors forcément conduit à une licitation. La licitation aura pour effet de faire tomber de l'argent dans le lot de la femme, en d'autres termes, de la contraindre à payer.

En résumé, Prima, tantôt sera obligée de supporter l'imputation, tantôt sera fondée à l'écarter suivant la nature des biens qui composeront la fortune laissée par le *de cujus*.

Avec la théorie de l'inaliénabilité absolue, on était conduit à refuser toujours le droit d'imputer.

La Cour de cassation a admis au contraire que l'imputation était toujours possible. En bonne logique, cette solution est inadmissible, nous espérons l'avoir démontré. Est-ce à dire pourtant qu'elle soit injuste ? Non, car il ne sera jamais injuste de forcer un débiteur à payer ses dettes. Dans notre conviction, la Cour a cédé à un haut sentiment de justice en admettant la prétention du légataire. Seulement, cette manière d'atténuer les conséquences fâcheuses qu'entraînerait l'exacte application de nos lois, offre plus d'un danger. Elle livre les parties à l'arbitraire du juge et ne produit qu'un remède insuffisant. Quand une loi est mauvaise, il faut la supprimer ou se résigner à en subir toutes applications. A notre avis, c'est le régime dotal lui-même qui doit disparaître de nos Codes. C'est tout au moins la possibilité pour les époux de soustraire les biens dotaux aux lois générales qui régissent la propriété. En empêchant la libre circulation des biens, le régime dotal met un obstacle irrationnel, injustifiable, au développement normal de la richesse publique. En permettant à la femme de s'obliger valablement sans obliger le sien, il conduit à un *concept* de l'obligation anti-scientifique, en même temps qu'il fournit aux époux un moyen très légal de s'enrichir aux dépens d'autrui [1].

La prohibition d'aliéner le fonds dotal est née à Rome. Elle se rattachait au système des lois Juliennes dont le but était de remédier à la dépopulation de l'empire. La prohibition d'aliéner, dans

[1] Quelques auteurs vont même jusqu'à refuser aux créanciers le droit de saisie quand les immeubles dotaux ont été stipulés aliénables sous condition de remploi. V. MM. Aubry et Rau, *op. cit.*, § 537, 4° et § 538, 2°.

l'esprit de ses auteurs, devait pousser aux seconds mariages, en assurant à la femme la restitution de sa dot. Par une singulière fortune, cette prohibition fut recueillie par les sociétés nouvelles antipathiques aux seconds mariages, et son caractère anti-économique fut, par elles, considérablement aggravé.

Le régime dotal a pu rendre des services. Aujourd'hui, comme toutes les institutions qui ont survécu aux circonstances sociales d'où dérivait leur raison d'être, il n'engendre que des abus. On sait que le premier projet du Code n'en faisait pas mention, le projet fut modifié, le régime dotal trouva place dans nos lois. Mais, ce que le législateur d'hier n'a pas su faire, le législateur de demain le fera [1].

[1] Conf. M. Batbie, *Cours d'Economie politique*, tome II, 34e leçon. — Le régime dotal tend à disparaitre, et ne se retrouve plus guère en Europe, au moins tel qu'il est organisé en France. La pratique belge le connait à peine.—Nous savons avec quelles modifications le législateur italien l'a admis.—En Allemagne, le régime dotal est sans doute le régime légal *subsidiaire*, et encore ceci n'est-il vrai que si le droit romain est reçu *in complexu* comme droit subsidiaire, mais en pratique le régime dotal a fait depuis longtemps place à des régimes matrimoniaux qui ont plus ou moins pour base l'idée de la communauté des biens.—Au reste, les règles du Code de Justinien ont été modifiées par les lois de chaque pays et, par exemple, l'aliénation de l'immeuble dotal (eingebrachtes Vermogen) est permise, si la femme consent, par le Landrecht prussien (§ 232, 2e partie, tit. I). En Saxe, même législation. — V. l'excellent Grundriss qu'a publié en 1878 à Leipzig un professeur de Kœnigsberg, M. Dahn, page 6, p. 183 et suiv, et les auteurs cités.



Paris. — Impr. F. Pichon. — A Cotillon & Cie, 37, rue des Feuillantines, & 24, rue Soufflot.

www.ingramcontent.com/pod-product-compliance
Ingram Content Group UK Ltd.
Pitfield, Milton Keynes, MK11 3LW, UK
UKHW020449220726
13923UKWH00005B/2436

9 782019 298449